DIESES BUCH GEHÖRT

Es lebe die
LIEBE

ES LEBE DIE LIEBE

SPAZIERGANG DER LIEBENDEN
Pellizza da Volpede 1868–1907

Als einst die Götter, müde dieser Welt,
sich flüchteten hinauf ins Sternenzelt,
mitnehmend, was auf Erden sie besessen,
da haben sie die Liebe hier vergessen.

Friedrich Halm

Erst seit ich liebe, weiß ich, daß ich lebe.

Theodor Körner

Auch der Olymp ist öde
ohne Liebe.

Heinrich von Kleist

Das Geschenk der Liebe kann man nicht geben. Es wartet darauf, angenommen zu werden.

Rabindranath Tagore

Liebe ist das einzige, was wächst,
indem wir es verschwenden.

Ricarda Huch

Lieben heißt: In dem anderen sich selbst erober

Friedrich Hebb

❧

Durch die Liebe und den Tod berührt der Mensch das Unendliche

Alexandre Dumas d. J.

❧

Willst du geliebt werden, so liebe!

Seneca

❧

*Liebe hat die Eigenart,
nicht vernünftig sein zu können.*

Gräfin Cosel

❧

Wenn man jemanden wirklich liebt,
dann braucht man es ihm nicht zu sagen.

Henry de Montherlant

AUF ABGELEGENEN WEGEN
William Henry Gore 1880–1916

ES LEBE DIE LIEBE

MARINE-MANÖVER
Edwin Roberts 1840–1917

*L*iebe ist ein privates Weltereignis.

Alfred Polgar

ES LEBE DIE LIEBE

Die Liebe, die plötzlich entsteht, heilt am schwersten.

La Bruyère

Viele, die ihr ganzes Leben auf die Liebe
verwendeten, können uns
weniger über sie sagen als ein Kind,
das gestern seinen Hund verloren hat.

Thornton Wilder

Einen Menschen lieben, heißt
einwilligen, mit ihm alt zu werden.

Albert Camus

Wer liebt, wird immer stärker …

Arnold Zweig

Liebe und Kunst umarmen nicht,
was schön ist, sondern
was eben dadurch schön wird.

Karl Kraus

Eine Geliebte wählt man nicht;
sie bricht über einen herein.

Claude Anet

Jede Liebe hat ihre Jugend,
ihre Reifezeit, ihr Alter.

Radiguet

Nicht das Denken erlöst die Welt, sondern die Liebe.

Manfred Kyber

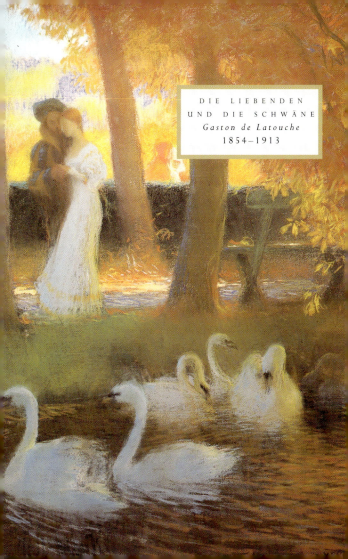

DIE LIEBENDEN
UND DIE SCHWÄNE
Gaston de Latouche
1854–1913

Lebe wohl, Du Einzige, in die ich nichts zu
legen brauche, um alles in Dir zu finden.

Goethe (an Charlotte von Stein)

Liebe ist die Poesie der Sinne.

Honoré Balzac

Freu dich nicht so sehr,
daß du geliebt wirst,
als daß du lieben kannst!

Johann Kaspar Lavater

Wer liebt, hat ein großes Geschenk zu verwalten.

Martin Kessel

ES LEBE DIE LIEBE

DER ZÄRTLICHE ABSCHIED
Edmund Blair Leighton 1853–1923

ES LEBE DIE LIEBE

SAMMLE DIE ROSENKNOSPEN
SOLANGE DU DARFST
Theodore Blake Wirgman 1848–1925

Hinter jedem großen Mann stand immer eine liebende Frau, und es ist viel Wahrheit in dem Ausspruch, daß ein Mann nicht größer sein kann, als die Frau, die er liebt, ihn sein läßt.

Pablo Picasso

ES LEBE DIE LIEBE

Bei einem wahren Liebespaar
glaubt jeder,
des anderen unwert zu sein.

Sigismund von Radecki

❦

Der Flirt ist die Kunst, einer Frau in die Arme
zu sinken, ohne ihr in die Hände zu fallen.

Sacha Guitry

❦

Der Weg zur Geliebten ist dornenlos.

Sprichwort aus Kamerun

❦

Liebende sind einander allein ihre ganze Familie.

Honoré de Balzac

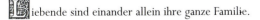

Die Liebe ist der Blick der Seele.

Simone Weil

❧

Nur der ist etwas, der etwas liebt.
Nichts sein und nichts lieben ist identisch.

Ludwig Feuerbach

❧

Das ist das eigentümliche an der Liebe,
  daß sie sich niemals gleich bleiben kann;
sie muß unaufhörlich wachsen,
  wenn sie nicht abnehmen soll.

André Gide

❧

Dem, der wahrhaft liebt, wird alles Liebe. *Balzac*

❧

ES LEBE DIE LIEBE

EINE JUNGE FRAU MALT EIN PORTRÄT
Abraham Solomon 1824–1862

*D*ie größte Liebe ist immer die, die unerfüllt bleibt.

Peter Ustinov

ES LEBE DIE LIEBE

Der Verliebte hat keine Zeit, geistreich zu sein.

Stendhal

Alter schützt vor Liebe nicht,
aber Liebe vor dem Altern.

Coco Chanel

Keiner von uns
hat je genug Liebe gegeben,
geschweige denn alle Liebe,
deren er fähig ist.

Henry Miller

ES LEBE DIE LIEBE

DIE ZIERDE VON DIJON
William John Hennesy 1839–1917

... die Liebe glaubet alles, hoffet alles und duldet alles.

Gerhart Hauptmann

Wahre Liebe geht aus der Harmonie
der Gedanken und dem Gegensatz
der Charaktere hervor.

Théodore Simon Jouffroy

Die Liebe ist der Wunsch, geliebt zu werde

Jean Giraudo

Die Liebe trägt die Seele, wie die Füße den Leib tragen.

Katharina von Siena

ES LEBE DIE LIEBE

LADY TENNYSON AUF AFTON DOWNS
Valentine Cameron Prinsep 1838–1904

AM MEER
Povl Steffensen 1866–1923

Liebende, die der Versuchung erliegen, sich ganz auf sich selbst zurückzuziehen und sich von der Außenwelt abzuschließen, kommen mit der Zeit an den Punkt, wo sie sich nichts mehr zu sagen haben.

Ignace Lep

Das Herz erfriert, wenn es nicht liebt.
Und wenn es liebt, verbrennt's.

Sándor Petöfi

Des Verliebten Seele lebt in einem fremden Leib.

Plutarch

Es ist mit der Liebe wie mit den Pflanzen:
Wer Liebe ernten will, muß Liebe säen.

Jeremias Gotthelf

Lieben – das heißt Seele
werden wollen in einem anderen.

Friedrich Daniel Ernst Schleiermacher

ES LEBE DIE LIEBE

DER BRIEFKASTEN DER LIEBE
Arthur Hopkins 1848–1930

Alles, was wir wirklich lieben,
ist unersetzlich,
und alles, wofür Ersatz nur denkbar ist,
haben wir niemals wahrhaftig geliebt.
Gustav Nieritz

ES LEBE DIE LIEBE

HESPERUS
Joseph Noel Paton 1821–1901

*M*an sagt, die Liebe raubt
denen den Verstand,
die welchen haben,
und gibt ihn jenen, die keinen haben ...

Diderot

ROMANTISCHES PICKNICK
Auguste Serrure 1825–1903

Der Zauber der ersten Liebe liegt darin,
daß man sich nicht vorzustellen
vermag, sie könnte jemals enden.

Disraeli

Ich weiß nicht, ob die Liebe ein Glück ist.
Jedenfalls ist sie das charmanteste Unglück,
das uns zustoßen kann.

Goetz

AUSSERDEM IN DIESER REIHE ERSCHIENEN:

Für meine liebe Tochter

Für meine allerbeste Mutter

Für meine allerliebste Oma

Vom Glück mit Kindern

Von ganzem Herzen: Gute Besserung!

Von ganzem Herzen: Viel Glück!

Zum Glück gibt es Freunde

Copyright © 1997 Four Seasons Publishing Ltd
Surrey, KT2 7EY, England

Für die deutsche Ausgabe:
© 1999 Fackelträger Verlag
Würzburger Straße 14, 26121 Oldenburg
Printed in Singapore
ISBN 3-7716-2142-9

Titelbild: DER OBSTGARTEN, Nelly Erichsen 1882 – 1897
Innentitel: LIEBENDE UMARMEN SICH UNTER DER TÜRE, Rudolph Ernst 1854 – 1920
Vorsatz: DIE LIEBENDEN UND DIE SCHWÄNE, Gaston de Latouche 1854 – 1913
Frontispiz/Gegenüber Innentitel: KÖNIG RENES FLITTERWOCHEN, Dante Gabriel Rossetti 1828-1882
Buchrücken: AM WALDRAND, Elizabeth Stanhope Forbes 1859 – 1912